Erfurt bietet soviel
des Sehenswerten dar, dass ein
wochenlanges Verweilen
kaum hinreichen würde,
die Schaulust zu begrenzen...

Ludwig Bechstein, 1858

Erfurt
für die Westentasche

von
Wolfgang Knape

BuchVerlag
für die Frau

Seite 2: Wappen an der Statthalterei

ISBN 978-3-89798-242-0

Fotos: Schmidt-Buch-Verlag
(weiterführende Infos zu Erfurt im dort erschienenen Stadtführer);
R. Lemitz, Presse SV Erfurt (S. 90/91)
N. L. Chrestensen (S. 55, 59)
Born Feinkost GmbH (S.95)
Einband, Satz und Typographie:
Lore Jacobi, Jesewitz
Druck: Klingenberg Buchkunst Leipzig
Bindearbeiten:
Müller Buchbinderei GmbH, Leipzig

Printed in Germany

www.buchverlag-fuer-die-frau.de

Inhalt

Erste Annäherung

Erfurt kann einen ganz taumelig machen! Und sobald man seinen Fuß erst einmal in diese Stadt gesetzt hat, kommt man von ihr nicht wieder los! Für die meisten ist Erfurt die Dom-, die Luther-, die Blumenstadt. Für andere ist es die größte Stadt Thüringens und die Wiege einer berühmten Universität. In Erfurt wandelt man auf den Spuren von Gelehrten und Dichtern, von Fürsten und Erfindern, von Mönchen, von Gärtnern und einer musikalischen Großfamilie namens Bach …

Fachwerkhäuser am Benediktsplatz

Krämerbrückencafé

Jede Epoche hat hier ihre Zeichen hinterlassen. Erfurts Altstadt ist ein einzigartiges Flächendenkmal. Mittelalterliche Patrizierhäuser prägen an vielen Stellen das Bild – farbenfrohe Fachwerkwunder, barocke Paläste und Gründerzeitbauten. Wie verzaubert streift man durch verwinkelte Gassen. Steht staunend in Kapellen und Kirchen. Man schlendert über Brücken und Stege. Genießt die Ausblicke aufs Wasser. Die Magie der Plätze. Den Fernblick vom Petersberg. Die Wege im Steiger. Und am Abend das vielstimmige Geläut ... Erfurt ist eine lebendige, eine geschichtsträchtige, eine heitere Stadt. Eine Schönheit, von der man nicht genug bekommen kann. Eine Schatzkammer, die sich uns öffnet: Schritt für Schritt.

Vom guten Leben an der Furt

Wo die Gera im Erfurter Becken einen engen Bogen schlägt, hat alles begonnen. Hier teilt sich der Fluss in mehrere Arme auf. Das Wasser ist flach. Eine furtfreundliche Gegend also. Kreuzpunkt bedeutender Heer- und Handelswege. Hier liegen die Anfänge der Stadt, die der irische Missionsbischof Bonifatius 742 erstmals bei ihrem frühen Namen nannte: Erphesfurt.

Mit seinen Gefährten Adolar und Eoban war Bonifatius bis nach Thüringen vorgedrungen, das schon ein Teil des Frankenreiches war. Im Grenzgebiet zu

Sachsen und Slawen hatte er ein neues Bistum gegründet und „Erphesfurt" zum Bischofssitz erhoben.
Nach Bonifatius Tod fiel die Neugründung an das Erzbistum Mainz. Erfurts wachsende Bedeutung als Handelsplatz beeinträchtigte das nicht. Die natürlichen Voraussetzungen dafür waren schließlich ideal. Im Gera-Bogen trafen die „Nürnberger Geleitstraße" und die „via regia", die „Königstraße", zusammen. Die eine verband den Süden mit dem Norden, die andere führte von Frankreich über Thüringen und Leipzig nach Osten. 805 favorisierte Karl der Große die Stadt als Grenzhandelsplatz mit den Slawen und schrieb das Stapelrecht fest. Fernhändler mussten nun, ehe sie weiterreisten, ihre Waren zuvor am Ort angeboten haben.

Bürgerhaus „Zum breiten Herd"
am Fischmarkt Nr. 13-16

Diese Regelung brachte den Bewohnern viele Vorteile. Kaufleute ließen sich nieder, Handwerker kamen, Fuhrleute fanden ihr Auskommen und die Bauern des Umlandes einen neuen

Markt. Das gute Leben an der Furt machte den Platz auch für andere attraktiv. Auf dem Petersberg existierte ein Nonnenkloster, und einen fränkischen Königshof gab es dort auch. Nach der Reichsgründung machten hier die deutschen Könige und Reise-Kaiser bevorzugt Station. Friedrich I. Barbarossa hielt in Erfurt gleich mehrere Hoftage ab und Kaiser Rudolf I. von Habsburg regierte vom Petersberg her fast ein Jahr lang das Reich.
Die eigentlichen Herren der Stadt aber waren die Erzbischöfe und späteren Kurfürsten von Mainz. Das passte der immer mächtiger werdenden Kaufmannschaft auf Dauer jedoch nicht. Um 1250 übernahm deshalb ein von Kaufleuten dominierter Rat die Verwaltung der Stadt. Das rief nun wie-

Das sechsspeichige Rad ist seit 1285 als Stadtwappen auf Münzen, Denksteinen oder Druckwerken zu finden. Ab Mitte des 17. Jahrhunderts erscheint das Rad im Siegel.

der den Unmut der Handwerker hervor. Nach einem Stadtaufstand zogen auch Vertreter der neun großen Zünfte in den Rat ein. Fortan bestimmte man gemeinsam die Geschicke der Stadt.
Den Mainzern wurden immer neue Zugeständnisse abgerungen. 1306 ga-

ben sich die Erfurter eine 42 Statuten umfassende Rechtssatzung. Gehorsam und Treue gegenüber dem Rat waren nun erste Bürgerpflicht, und sobald ein neuer Herrscher den Thron bestieg, ließen sich die Erfurter ihr altes Recht bestätigen. So erneuerte Kaiser Ludwig IV. im Jahre 1331 auch das Messeprivileg. Karl IV. aber beschenkte die Stadt anno 1352 mit dem im Städtedreieck Weimar-Jena-Apolda gelegenen Reichslehen Kapellendorf. Jetzt konnte man auch an Reichsversammlungen teilnehmen und durfte eigene Münzen prägen! Den Status

DETAIL AM GILDEHAUS – MIT DEM „BREITEN HERD“ VERBUNDENES NACHBARGEBÄUDE. HIER IST DER SITZ DER HANDELSKAMMER THÜRINGENS.

einer Freien Reichsstadt erhielt Erfurt jedoch nicht. Dennoch gehörte es zu den größten und reichsten Städten, vergleichbar mit Nürnberg, Augsburg oder Lübeck. Und beides – Größe wie Reichtum – verdankte die mittelalterliche Stadt vor allem einer gelb blühenden Pflanze namens *Isatis tinctoria*, dem Färberwaid.

Blaumacher aus Erfurt

Nichts war den Thüringern während des Mittelalters so heilig wie ihr Färberwaid! „Gold der Bauern" nannte man den rapsähnlichen Kreuzblütler. Daraus ließ sich das begehrte Indigo gewinnen. Als „Stütze und Geldgrube ganz Thüringens" rühmte es noch 1555 eine Schrift!
Die Anbaubedingungen waren hervorragend und drei, vier Ernten jährlich keine Seltenheit. Dabei wurden die Blätter von den bis zu einem Meter hohen Stängeln entfernt und in Waidmühlen zerquetscht. Aus dem Brei

formten Kinder und Frauen pferdeapfelgroße Bälle. Diese „Ballen“ kamen dann, luftgetrocknet und steinhart, zum Verkauf. Der Erfurter Anger war der größte Umschlagplatz für Thüringer Waid. Der Verkauf der Waidballen begann eine Woche nach Pfingsten und endete zu Michaeli im Herbst. Ein turbulentes Treiben herrschte dann zwischen St. Wigberti und Kaufmannskirche.

An die dreihundert Waidwagen passierten täglich die Tore der Stadt. Das Privileg zur Verarbeitung der „Ballen“ lag bei den Händlern. Die wurden „Waidjunker“ genannt, was ihre Stellung vortrefflich beschreibt.

WAIDERNTE UND WAIDMÜHLE,
KUPFERSTICH (1757)

Der Rohwaid wurde auf den Böden der Waidhäuser eingelagert. Mit der Verarbeitung begann man im Herbst. Waidknechte zertrümmerten mit schweren Hämmern die Ballen, und „Waidpinkler", Knaben aus der Nachbarschaft, tränkten gegen einen bescheidenen Obolus die Haufen mit Urin.

Unter Zugabe von Wasser wurde die Masse zum Gären gebracht. Durch neuerliches Trocknen, Zertrümmern und Sieben gewann man das begehrte Pulver zum Blaufärben. Was dann aber beim Färben aus der Brühe gezogen wurde, war zunächst grün. Die Färbung setzte erst nach Stunden und an der Luft ein. Färber, die also gedankenverloren vor ihren Stoffbahnen hockten, faulenzten nicht etwa: Sie machten „blau"!

Haus „Zum Sonneborn“,
1546 für einen Waidjunker erbaut,
seit 1988 Standesamt

Das Waidpulver aus Thüringen war europaweit begehrt. Der Stadt und den hiesigen Händlern brachte das Geschäft mit dem Pulver großen Gewinn. Das änderte sich erst im Zeitalter der großen Entdeckungen. Jetzt gelangte das viel billigere und bessere Indigo nach Europa. Erfurt hatte inzwischen seine Vormachtstellung als Handelsplatz an Leipzig abtreten müssen. Nun setzte auch der schleichende Niedergang des Waidhandels der Stadt zu. Der Dreißigjährige Krieg verschärfte diese Misere weiter. Dörfer wurden zerstört, der Fernhandel brach zusammen. 1747 betrieb man nur noch in drei Erfurter Dörfern den Anbau von Waid.

1811, während der Kontinentalsperre, entwickelte der Erfurter Chemiker und Pharmazeut Johann Bartholomäus

Trommsdorff ein Verfahren zur intensiveren Nutzung der Färberpflanze. Die Ausbeute seiner Fabrik blieb jedoch gering. 1880 gelang Adolf von Baeyer die Herstellung von Indigo aus Steinkohlenteer. Damit war das Ende der Importe und des Waidanbaus eingeläutet. Thüringens bedeutendste Kultur- und Wirtschaftspflanze geriet in Vergessenheit…

Erst vor wenigen Jahren wurde Waid als regionalgeschichtliche Besonderheit „wiederentdeckt". Inzwischen bieten einschlägige Geschäfte Gesichtswasser, Pflegeseifen, Färbepulver und Tees an. 1992 fand die erste internationale Waidtagung statt. Natürlich in Erfurt! Hier haben schließlich die meisten Waidspeicher und die herrlichsten Waidjunker-Häuser die Zeiten überdauert. In manchem der ehemaligen Speicher finden Ausstellungen statt, gibt es Puppentheater und Kabarett. Und angesichts einer solchen Häufung von Kultur und Schönheit vergisst man glatt den hämmernden Waidknecht, die pinkelnden Knaben, den Reichtum der Junker, der hier einstmals mächtig gen Himmel stank!

„Wer recht studieren will…“

Was Wunder, dass die Bürgerschaft einer so reichen Stadt nach einer eigenen Universität verlangte! Am 1. Mai 1392 öffnete die Alma Mater Erfordiensis ihre Pforten. Nach Prag, Wien, Heidelberg und Köln war es die fünfte derartige Einrichtung nördlich der Alpen. Kein Fürst stand hinter der Gründung, nur diese selbstbewusste Erfurter Bürgerschaft. Vom ersten Tag an gab es an dieser Universität neben der philosophischen eine juristische, eine theologische und eine medizinische Fakultät. An der philosophischen oder

Artisten-Fakultät wurden die „sieben freien Künste“ gelehrt. Darunter waren Grammatik, Rhetorik und Dialektik zu verstehen, Arithmetik, Astronomie, Geometrie und Musik.

„Wer recht studieren will, der gehe nach Erfurt!“, wusste schon Martin Luther. Etwa ein Viertel aller deutschen Studenten beherzigte diesen Rat. Bis in die erste Hälfte des 16. Jahrhunderts hinein genoss die hiesige Alma Mater höchstes Ansehen. Zeitweise galt sie sogar als bedeutendste Bildungseinrichtung im Heiligen Römischen Reich Deutscher Nation. Ihr Einfluss war groß. Und mit seinem purpurnen Schultermantel, seinem Zepter, dem

Portal des Collegium maius (Grosses Kolleg) in der Michaelisstrasse

roten Barett wirkte ihr Rektor äußerlich fast wie ein Kardinal oder Fürst. Die Universität zog bedeutende Gelehrte an. Erfurt wurde zum Sammelbecken deutscher Humanisten. Für Aufsehen sorgten die vom Rektor Crotus Rubianus und dem jungen Ulrich von Hutten verfassten „Dunkelmänner-Briefe". Diese Spott- und Schmähschrift war anonym erschienen. Sie nahm die Auswüchse insbesondere des Mönchstums aufs Korn und half so die Reformation vorbereiten.
Auf die Vertreter der „Schwarzen Kunst" übte Erfurts geistiges Potential große Anziehungskraft aus. Die Professoren

UNIVERSITÄTSMATRIKEL IM ERFURTER STADTARCHIV MIT LUTHERS EINTRAG (1501): „MARTINUS LUDER DE MANSFELT"

[?]alentis et preme insitue adolescentes sub rectore in noctes de decem no[?]e festum diui Archangeli Michaelis numero quinquaginta septem scolaricum suscepere laurea quorum noia sequuntur

Jodocus de Lebech
Dns Jacobus Grevdeuit
Johannes malschou de lubeck
henricus stuber de luneburg
Lodewicus leudegart de Renn
Conrads tot de hungen
henricus postman de hamel
Nicolaus fincemul de franckenhusen
Johes henningen de Eslingen
Johannes hoin de franckeberg
Gerhardus Emmerich de frankeberg
Martinus henkelin de Gottingen
Lucas kremer de Blanckenhaim
Cristianus berer de blanckenhayn
Georius sumer de hechingen
Georius fesle ...
Johes innebrot de brucken
hermannus koncken de hoxaria
Tilmannus kruger de Brunswick
Johes tendale de hamburg
Sifridus feren de wettern
Georius dis de Eslingen
Sigismundus bruneter de stein
Fabianus sartoris de senftenberg
Johes borgon de erbersberg
hermannus ... de marberg
... de ...

Johannes kalenberg de sale
Wernerus ofer de offenburg
Martinus hess de mansfelt S ... 78
Johannes Sachsen Erffurden
Cristoferus de gronau
Casparus soltern de frankenstein
Eckard hop de luden
Valentinus sutoris de marckelbach
Michael fabri de marckerelbach
Wigandus welff de franckfordia
Wipertus hern de fritslaria
Conrados pruuer de bidenkop
Johes saluatoris de bidenkap
Johes pistoris wanneberg Erffurden
Anthonius werner de Sorlitz
Johes sartoris de blanfelt
Ludolphus oman de Brunswick
Albertus hill de Gottingen
henningus wa de northeim
Fabianus gueit de kottbusch
Conrados welbens de mersbach
Baltasar kolhe de luchau
Sigismundus kirchner de schonstein
Eustachius koler de kansberg
Anthonius krebell de hoxaria
Johes ratz Erffurdens
Johes probst de andersleben
Jacobus gerlach de fulda
henricus lunzede de Gottingen
Conrados wygant de mansfelt

wollten ihre Arbeiten rasch publiziert und verbreitet sehen. Auch Luther ließ seine frühen Schriften in Erfurt drucken. Und Adam Ries, seit 1518 Rechen- und Waagemeister der Stadt, debütierte mit einem Rechenbuch. Das trug den bezaubernden Titel: „uff der linien". Dem folgte der Bestseller vom (schriftlichen) „Rechnen auf der Feder". Den Allgemeingut gewordenen Ausspruch „nach Adam Ries", verdanken wir jener in Erfurt erschienenen Publikation, die Pflichtlektüre an Schulen wurde.

Nach der Reformationszeit verlor die Universität ihre Vorreiterrolle. Die Auswirkungen der Pest gingen auch am

KAUFMANNSKIRCHE, IM 11. JAHRHUNDERT VON FRIESISCHEN KAUFLEUTEN GEGRÜNDET.

Lateinischen Viertel, in dem die Einrichtungen der Universität lagen, nicht spurlos vorüber. 1754 wurde mit der „Kurfürstlichen Akademie nützlicher Wissenschaften zu Erfurt" eine weitere Gelehrtensozietät gegründet. Es war die drittälteste derartige Gesellschaft in Deutschland. Doch das Interesse an den Naturwissenschaften brachte nur einen kurzzeitigen Aufschwung. 1816, mit dem Beginn der preußischen Herrschaft, wurde die Alma Mater geschlossen. Die notwendig gewordene Erneuerung war nicht geglückt, außerdem gab es in Preußen mit Berlin und Halle bereits eine starke Konkurrenz.

Fast zweihundert Jahre später wurde Erfurt wieder Universitätsstadt und erhielt eine philosophische, eine staats- und erziehungswissenschaftliche und eine katholisch-theologische Fakultät. Die Chance zur Wiedergründung kam nach dem Ende der DDR durch einen Beschluss des Thüringer Landtages 1993. Der Gründungsakt fand am 29. April 1994 im Augustinerkloster statt. Zum Gründungsrektor wurde der Kommunikationswissenschaftler Peter Glotz berufen, der Vordenker der SPD.

Mönch in Erfurt

In Erfurt haben bedeutende Theologen ihre Spuren hinterlassen. Die bekanntesten sind Martin Luther und Meister Eckhart. Letzterer trat 1275 in das hiesige Dominikanerkloster ein. Er ist der bedeutendste deutsche Mystiker des Mittelalters und predigte schon lange vor Luther auf Deutsch.

Jener war 1501 zum Studium von Mansfeld nach Erfurt gekommen. 1505 hatte er es bereits zum Magister der

Das Denkmal auf dem Vorplatz der Kaufmannskirche schuf Fritz Schaper anlässlich des 400. Luther-Geburtstages.

Freien Künste gebracht. Jurist wollte er werden. Doch ein Naturereignis stellte seine Lebensplanung völlig auf den Kopf. Am 2. Juli 1505 geriet Luther vor Erfurt in ein mächtiges Gewitter. Um ihn herum schlugen Blitze ein. In seiner Not betete er zur heiligen Anna. Er gelobte Mönch zu werden, falls er dieser Hölle jemals entkäme. Die Heilige hatte offenbar ein Einsehen. Unbeschadet erreichte Luther die Stadt. Und er hielt Wort! Zwei Wochen später trat er in das Kloster der Augustiner-Eremiten ein, ungeachtet des Unverständnisses und der Proteste seiner Freunde. 1506 wurde er zum Mönch, im Jahr darauf zum Priester geweiht.

AUGUSTINERKLOSTER.
IM VORDERGRUND RESTE DER IM WIEDERAUFBAU
BEFINDLICHEN KLOSTERBIBLIOTHEK

Anschließend studierte er Theologie. Das Klima an der Universität sowie das Wirken der Erfurter Humanisten dürften Luther maßgeblich geprägt und beflügelt haben, vieles zu hinterfragen. Er wurde mit Sonderaufgaben betraut und schließlich als Lehrer nach Wittenberg geschickt. Erfurt blieb er jedoch lebenslang verbunden.

Auch als er im April 1521 zum Reichstag nach Worms reiste, machte er hier Station. Die Erfurter bereiteten dem Verfemten einen begeisterten Empfang. Er übernachtete in seinem alten Kloster, wo der Freund Johannes Lang inzwischen Prior geworden war. Crotus Rubianus aber, der Rektor der Universität, geleitete ihn tags darauf mit vierzig Reitern in die Stadt Worms.

Johannes Lang führte in Erfurt die Re-

MARTIN LUTHER ALS AUGUSTINERMÖNCH
(KUPFERSTICH VON LUCAS CRANACH D.Ä., 1520)

formation ein. Die Klöster wurden säkularisiert, die Kirchen unter den Konfessionen aufgeteilt. In das ehemalige Augustinerkloster zog das Ratsgymnasium ein. Und an der Universität gab es, einmalig in Deutschland, gleich zwei Lehrstühle für Theologie.

Eine Festung gegen die Stadt

1648 beendete der „Westfälische Frieden“ den Dreißigjährigen Krieg. Aus den Verhandlungen gingen die Territorialherren gestärkt hervor. Der Kurfürst und Erzbischof von Mainz pochte jetzt auf alte Rechte. Für Erfurt bedeutete das den Verlust seiner bisherigen städtischen Selbständigkeit. Es kam zu Unruhen. Und als am 23. September 1663 der Herold vorm Stadttor stand, um die Reichsacht zu verkünden, nahm sich eine „rasende Bürgerschaft“ seiner an.
Genutzt hatte das Aufbegehren den Erfurtern aber letztendlich nichts. Und

weil sich das Verhältnis zum Landesherren so gar nicht bessern wollte, belagerte Erzbischof Johann Philipp von Schönborn im Jahr darauf mit fünfzehntausend Soldaten, darunter sechstausend französischen Söldnern, die Stadt. Angesichts dieser Übermacht kapitulierten die Erfurter. Am 28. Oktober 1664 leisteten sie dem Erzbischof den Huldigungseid.

Doch für Johann Philipp von Schönborn blieben sie unsichere Kantonisten. Er setzte ihnen deshalb eine Festung vor die Nase: die Zitadelle Petersberg. Von ihren acht Bastionen

Seite 42/43
Die Zitadelle ist heute ein bedeutendes Denkmal europäischer Festungsbaukunst.

CITADELLE

wiesen fünf zur Stadt hin. So konnte man die aufmüpfigen Erfurter jederzeit in Schach halten. Mit dem Bau war der italienische Festungsbaumeister Antonio Petrini betraut worden.

Dass sich auf dem Petersberg die Anlagen eines ehemals großen und mächtigen Benediktinerklosters befanden, kümmerte den Erzbischof nicht. Erst 1704 wurde die Festung nach vierzigjähriger Bauzeit vollendet. Von 1706 an modernisierte und erweiterte der fränkische Baumeister Maximilian von Welsch die Anlage. Als Vorbild dienten ihm die Verteidigungswerke des bekanntesten Festungsbaumeisters jener Zeit, des Franzosen Vauban.

Am 21. August 1802 endete die Mainzer Herrschaft über Erfurt. Europa wurde neu geordnet. Preußische Truppen zogen in die Stadt ein. Die Franzosen hatten linksrheinische Gebiete annektiert. Für seine Territorial-Verluste erhielt Preußen unter anderem Erfurt und damit einen attraktiven Ersatz. Die Zwingburg auf dem Petersberg hatte ausgedient. Die neuen Herren sahen in der Bevölkerung offenbar keine Gefahr. Nur eine kleine Wachmannschaft versah noch den Dienst.

Wacher Geist und frisches Hemd

Maximilian von Welsch hatte auch für zivile Bauten ein Händchen gehabt! Die ehemalige kurmainzische Statthalterei ist zu einem Gutteil sein Werk. Heute haben hier der Ministerpräsident des Freistaates Thüringen und die Staatskanzlei ihr Domizil. Bis 1802 residierten die Statthalter des Erzbischofs in dem barocken Palais.

Ein Glücksfall unter diesen „Stellvertretern" war Karl Theodor von Dalberg. 1771 nach Erfurt gekommen, wirkte er dreißig Jahre in der Stadt. Dalberg war ein begeisterter Förderer der Wissen-

Reizvolles Detail am Haus Dacheröden – ein Kleinod der Baukunst von 1557

schaften und Künste, und die Erfurter verdanken ihm viel. Seine wöchentlichen „Assembleen" waren berühmt und lockten viele Besucher an. Jedermann war zu diesen Treffen willkommen. Als Eintrittskarte genügten ein wacher Geist und ein gebügeltes, frisches Hemd.

Goethe, Schiller, Herder und Wieland gehörten ebenso zu den Gästen wie die beiden Humboldt-Brüder und Karl von Dacheröden. Letzterer war ein enger Vertrauter Dalbergs. Er wohnte am Anger und liebte gepflegte Konversation. 1791 heiratete Wilhelm von Humboldt Dacherödens Tochter Karoline und Schiller verlobte sich im Haus am Anger mit deren Freundin Charlotte von Lengefeld.

Der verliebte Rotschopf und die Humboldtbrüder wurden auch in die „Akademie nützlicher Wissenschaften zu Erfurt" aufgenommen. Ein wichtiges anderes Mitglied war der Statthalter Karl Theodor von Dalberg.

Bach-Stadt: Knapp verfehlt

Um ein Haar wäre auch Johann Sebastian Bach ein Erfurter geworden! Doch der Herzog von Sachsen-Eisenach hatte sich quergelegt. Als der Vater des Komponisten um seine Entlassung aus dem Hofdienst nachsuchte, stellte sich der Fürst taub. So wurde Elisabeth Bach, geborene Lämmerhirt, am 21. März 1685 in Eisenach von einem Sohn entbunden, obwohl die Familie doch aus Erfurt kam.

Für eine Rückkehr in seine Geburtsstadt hatte Johann Ambrosius Bach gute Gründe: Zwei seiner Vettern, beide privilegierte Stadtmusikanten, wa-

ren an der Pest gestorben. Ihre Stellen waren vakant, und die Chancen für Bachs Vater standen nicht schlecht. Als Musiker besaßen die Bachs in Erfurt nämlich einen ausgezeichneten Ruf. Zeitweise war sogar jedes zweite Mitglied der Stadtmusik ein Bach. Das führte dazu, dass man von den „Bachen" oder „Stadtbachen" sprach, wenn man die Spielleute meinte!
Der erste Bach, der sich in Erfurt niederließ, war der 1604 in Wechmar bei Gotha geborene Spielmannssohn Johann. Nach erfolgreicher Prüfung

IN DIESEM HAUS AM JUNKERSAND
WOHNTEN DIE VORFAHREN VON BACH.
EINE GEDENKTAFEL ERINNERT
AN DIE BERÜHMTE MUSIKERFAMILIE.

P

auf zehn Instrumenten wurde er als Stadtmusikant angestellt. 1636 bekam er auch noch das Amt des Organisten in der Predigerkirche angetragen. Sein jüngerer Bruder Heinrich begründete die Arnstädter Linie.

Christoph, der mittlere, kam 1642 nach Erfurt, auch er wurde Musikant. Einer seiner Söhne war der 1645 geborene Johann Ambrosius Bach, dessen Zwillingsbruder in Arnstadt musizierte. Die beiden, heißt es, hätten einander so sehr geähnelt, dass ihre Frauen sie nur an den Hosen zu unterscheiden vermochten, was immer damit auch gemeint sein mag.

Johann Ambrosius heiratete 1668 die Tochter des Kürschnermeisters Lämmerhirt. Die Trauung fand in der Kaufmannskirche statt. In diesem Viertel wohnten die meisten Familienangehörigen, deshalb wurden hier auch viele Bach-Ehen geschlossen und mehr als sechzig Bach-Kinder getauft. Berühmtheit erlangte die Kaufmannskirche aber vor allem als Hochzeitskirche der Eltern von Johann Sebastian Bach.

Ein Autodidakt im Garten

Der Schlaganfall seines Stiefvaters hatte Christian Reichart (1685-1775) über Nacht zum Gärtner gemacht! Christoph Engelhardt betrieb einen umfangreichen Garten- und Ackerbau vor der Stadt. Ans Bett gefesselt, suchte er nun einen Nachfolger. Reichart verdankte dem Stiefvater viel, und er nahm die Herausforderung an.
Der vielseitige Jurist verstand eine Menge vom Orgelbau: Er spielte die

ELITESAATGUTPRODUKTION
IM „BLÜHENDEN BORNTAL" IN ERFURT

Orgel in der Reglerkirche und kümmerte sich in städtischem Auftrag um Feuer-Rüstung und Bürgerwehr. Vom Garten- und Ackerbau wusste er allerdings nichts. Doch mit der ihm eigenen Beharrlichkeit widmete er sich der neuen Aufgabe. Von ersten Erfolgen angespornt, experimentierte er mit Fruchtwechsel und Düngung. Reichart befasste sich mit Melioration und Samenzucht. Er machte fremdländische Gemüsesorten wie Spinat, Spargel, Porree, Wirsing oder zypriotischen Blumenkohl heimisch. Allein 1752 schlug er zur Samengewinnung 13 400 Weißkrautköpfe ein.

Erfolgreich war Christian Reichart auch bei der Zucht von Anemonen, Levkojen, Primeln und Tulpen. Er erfand neue Arbeitsgeräte und verbesserte die alten.

Auf ihn gehen die Jätemaschine und die Stachelwalze zurück, der Gurken- und der Melonenbohrer. Und – last but not least – der Petersilienpflanztopf! Als herausragende Leistung gilt der Ausbau der „Klingen" im Dreienbrunnengebiet. In diesen bis zu drei Meter breiten nivellierten Wassergräben wurde Brunnenkresse kultiviert und weil das Quellwasser mit zehn Grad Celsius den Steiger verließ, war auch im Winter Erntezeit.

Sein Wissen gab Reichart gern weiter. Er bildete Gärtner-Lehrlinge aus und schrieb Bücher, die Standardwerke wurden. Reichart ging als „Vater des Erfurter Erwerbsgartenbaus" in die Geschichte ein. Durch ihn entwickelten sich Gemüseanbau, Samenzucht und Samenhandel zu einem bedeutenden

Erwerbszweig. Diese Erfolgsgeschichte setzte sich im 19. Jahrhundert fort. Unternehmen wie Benary, Haage, Heinemann, Martin und Schmidt machten weit über Deutschland hinaus von sich Reden.

1867 kam ein junger Däne namens Niels Lund Chrestensen nach Erfurt und gründete eine Kunst- und Handelsgärtnerei. Anfangs auf die Verarbeitung von Dauer- und Trockenblumen fixiert, befasste er sich zunehmend mit Sämereien für Garten und Landwirtschaft. Als im Jahre 1908 das Weltunternehmen Fleurop aus der Taufe gehoben

Saatgutproduktion im „blühenden Borntal“ in Erfurt, im Hintergrund das Geschäftshaus der Firma N. L. Chrestensen

wurde, war Niels Lund Chrestensen einer der Gründungsväter.

Vor dem Ersten Weltkrieg gab es 112 Kunst- und Handelsgärtnereien in Erfurt, 109 Gemüseanbaubetriebe und 3500 Gärtner. Noch heute werden diese Traditionen erfolgreich fortgeführt und wie ehedem Samen und Pflanzen von Erfurt aus in alle Welt exportiert. Und wenn auf dem Domplatz Blumenmarkt ist, hält es keinen Erfurter daheim auf dem Stuhl!

Napoleon, Goethe, Preußenzeit

Napoleon I. war ein Gourmet! Und in die Erfurter Kresse war der Kaiser der Franzosen regelrecht vernarrt. Zwei hiesige Gärtner wurden extra nach Paris beordert. Am Rande des Parks von Versailles mussten sie „Klingen" nach Erfurter Vorbild anlegen. So war ständig für Nachschub gesorgt.

Nach der Niederlage der Preußen und der mit ihnen verbündeten Sachsen bei Jena und Auerstedt war auch Erfurt unter französische Herrschaft gefallen. Die Stadt wurde zur „kaiserlichen Domaine" erklärt. Und wenn Napoleon durch Thüringen reiste, residierte er mit Vorliebe in der ehemaligen Statthalterei. Dort kam es am 2. Oktober 1808 zu einer denkwürdigen Begegnung zwischen dem Kaiser und Goethe, welche Letzterem sehr geschmeichelt haben muss. „Vous êtes un homme!" (Was für ein Mann!), soll Napoleon ausgerufen haben, als der 61-jährige, dessen „Werther" und Werdegang er kannte, so fit und wohlgestalt vor ihm stand.

Goethe weilte dreiundfünfzig Mal in Erfurt, sowohl als Minister als auch privat. „Ja, es sind die bunten Mohne, die um Erfurt sich erstrecken", heißt es in einem seiner Gedichte. An Char-

Goethe und Napoleon 1808
im Regierungsgebäude zu Erfurt

lotte von Stein expedierte er von Erfurt aus neben Briefen frische Blumen und knackiges Gemüse. Und die Idee für Faustens „Osterspaziergang“, in dem die bunte Menge aus verwinkelten engen Gassen durch ein hohles, dunkles Tor ins Freie strebt, kann ihm nur hier gekommen sein!

Goethes Begegnung mit Napoleon fand während des so genannten Erfurter „Fürstenkongresses“ statt, zu dem der Kaiser sämtliche Häupter des Rheinbundes geladen hatte. Auf diese Weise konnte er jedem seine Vormachtstellung vor Augen führen. Der Staatsminister Goethe begleitete seinen Herzog zu diesem Treffen. Und da auch Zar Alexander I. von Russland erschienen war, saßen in Erfurt gleich zwei Kaiser bei Tisch.

Sechs Jahre später waren die Ära Napoleon und die französische Besatzungszeit vorbei. Preußische Truppen zogen als umjubelte Befreier in die Stadt ein.

Nach dem Wiener Kongress von 1815 wurde Erfurt zum Zwecke der Sicherung des Königreiches zu einer preußischen Festung ausgebaut. Das Rückgrat bildeten die „Festung Petersberg" und die Cyriaksburg. An eine planmäßige Erweiterung der Stadt war damit vorerst nicht zu denken, dennoch kam die industrielle Entwicklung in Gang.

1838 wurde der Erfurter Gartenbau-Verein gegründet. 1847 hielt die Eisenbahn in der Stadt. Zehn Jahre später schuf Christian Hagans die Grundlagen für die Erfurter Maschinenbauindustrie und 1872 verließ die erste Lokomotive seine Fabrik. Eduard Lingel baute ein Schuhimperium auf. Und in der Erwerbsgärtnerei behauptete Erfurt deutschlandweit den ersten Platz.

Inzwischen hatten sich die Außengrenzen Preußens verschoben. An freiem Schussfeld vor den Mauern war nun niemand mehr interessiert. 1873 wurde deshalb per Gesetz die Entfestung der Stadt verfügt. Ein neues Zeitalter war angebrochen. Im Oktober 1891 verabschiedeten die deutschen Sozialdemokraten im Beisein von August Bebel und Wilhelm Liebknecht ihr „Erfurter Programm".

Erfurt wurde Großstadt, über einhunderttausend Menschen lebten hier

DAS BISMARCK-DENKMAL AM ANGER ERINNERT AN DIE ZEIT DER PREUSSENHERRSCHAFT.

1906. Im gleichen Jahr wurde auf dem Angerdreieck der Grundstein für ein prächtiges Kaufhaus gelegt: Bis zum Jahre 1908 wuchs hier der "Römische Kaiser" empor, das spätere Centrum-Warenhaus, die heutige Einkaufsgalerie „Anger 1".

Stadt in Deutschlands Mitte

1920 wurde der Freistaat Thüringen gegründet. Erfurt blieb jedoch weiterhin bei Preußen. Neue Industriebetriebe entstanden, darunter die Feinmechanische Werke GmbH und das Telefunkenwerk.
Während des Zweiten Weltkrieges wurde Erfurt bombardiert. Verglichen mit anderen Großstädten waren die Schäden jedoch gering. Im April 1945 besetzten Einheiten der dritten US-Armee die Stadt. Im Juli wechselte auch in Thüringen die Besatzungsmacht.
1947 wurde Preußen aufgelöst. Erfurt gehörte nun auch juristisch zu Thürin-

gen und wurde Landeshauptstadt. 1949 folgte die Gründung der DDR, 1952 die Auflösung der Länderstruktur.

Erfurt war jetzt neben Gera und Suhl Bezirksstadt. Deren Profil wurde vor allem von Metallverarbeitung und Maschinenbau bestimmt. Von elektronischem und elektrotechnischem Gerätebau, von Schuh- und Bekleidungsindustrie – und vom Gartenbau.

Ein katholisches Priesterseminar mit Hochschulcharakter wurde gegründet. Dem folgten das Pädagogische Institut und die Medizinische Akademie. 1960 zog die Evangelische Predigerschule

Im Erkerfenster des historischen Hotelbaus „Erfurter Hof" sahen die hoffnungsfrohen DDR-Bürger 1970 Willy Brandt.

von Wittenberg ins Augustinerkloster. Am 19. März 1970 trafen sich Willy Brandt und Willi Stoph im „Erfurter Hof", Kanzler der Bundesrepublik Deutschland der eine, Vorsitzender des Ministerrates der DDR der andere. Ihre Gespräche leiteten eine vorsichtige Ost-West-Entspannung ein und weckten mancherlei Hoffnungen.

Doch die Unzufriedenheit der Menschen mit dem System nahm auch in Erfurt stetig zu. Die historische Altstadt verfiel. Sanierungen gab es nur an wenigen ausgewählten Punkten. Dafür entstanden Hochhäuser und Plattenbausiedlungen.

Als das Fass im Herbst 1989 landesweit zum Überlaufen kam, trugen auch die Erfurter ihren Protest auf die Straße. Zehntausende versammelten sich Ende

Oktober auf dem Domplatz. Von da an kamen sie jeden Donnerstag wieder, forderten Rechte ein, Veränderungen und verlangten Reformen.
Am 10. Dezember geschah dann etwas Außergewöhnliches: Mit Kerzen in den Händen bildete eine schier endlos erscheinende Menschenkette entlang der ehemaligen inneren Stadtmauer einen schützenden Ring um die Altstadt. Mit diesem „Bürgerwall" protestierten die Erfurter gegen drohenden Abriss und Verfall ihres historischen Stadtkerns.

SEITE 74/75
DOMPLATZ – LINKS DOM ST. MARIEN,
DOMSTUFEN (MITTE),
KIRCHE ST. SEVERI (RECHTS)

In der Woche darauf wurde ein „Runder Tisch“ ins Leben gerufen. Vertreter der beiden großen Kirchen luden Abgesandte von Parteien, Organisationen und der Bürgerbewegung in Luthers Kloster ein. Nun war die Wende auch in Erfurt auf einem guten Wege.
Die ersten freien Wahlen im März 1990 wurden vorbereitet. Aus der Kommunalwahl am 6. Mai ging die CDU als Sieger hervor. Zum Oberbürgermeister wurde Manfred O. Ruge gewählt. Er blieb es sechzehn Jahre. 1992 wurde Erfurt abermals Landeshauptstadt. Im Juli 1994 erhob Papst Johannes Paul II. das zu DDR-Zeiten gebildete Bischöfliche Amt Erfurt-Meiningen zur Diözese. Erfurt wurde wieder Bischofssitz. Erstmals nach Bonifatius Tod vor über zwölfhundert Jahren.

Seit 1990 hat die Stadt eine rasante Entwicklung durchgemacht und viele Veränderungen erlebt. Manches registriert man erst auf den zweiten Blick. Dass die Rettung und Wiederbelebung der historischen Altstadt Früchte getragen hat, sieht man hingegen sofort. Erfurt ist die bewunderte „Schöne in der Mitte Deutschlands". Einzigartig in Vielem und für die Weltkulturerbe-Liste der Unesco längst überreif!

„Erfordia turrita!“ – Stadt der Türme

Bereits Luther soll vom „türmereichen Erfurt“ geschwärmt haben. Um 1500 gab es hier 23 Pfarrkirchen, 36 Kapellen, ein halbes Dutzend Hospitäler und 22 Ordenshäuser und Klöster. Die eindrucksvollsten Sakralbauten aber waren damals schon der spätgotische Dom St. Marien und die Stiftskirche St. Severi auf dem Domberg. Bis heute gilt dieses gigantische Bau-Ensemble, zu dem auch der Turm der Bonifatius-

Dom nach Osten

kapelle gehört, zu den schönsten in Deutschland. Für die Erfurter ist es das Wahrzeichen ihrer Stadt.

Der Mariendom geht auf einen Vorgängerbau zurück. Schon Bonifatius hatte an dieser Stelle die Errichtung einer Bischofskirche angeregt. 1154 stieß man auf die Gräber der beiden Bonifatius-Gefährten Adolar und Eoban. Zu dieser Zeit wuchs gerade eine romanische Basilika empor. Als die Türme standen und das Bauwerk so gut wie fertig war, sah man, dass es schon wieder zu klein geraten war. Durch einen dreigeschossigen Unterbau „verlängerte“ man kurzerhand den Berg. Eine unglaubliche ingenieurtechnische Leistung! Auf die-

MARIENSKULPTUR AN DER SEVERIKIRCHE

sen sogenannten Kavaten wuchs dann der Chor 26 m hoch empor. 1370 war er vollendet.

Im Inneren begegnet uns der Dom als eine einzigartige Schatzkammer. Sein Triangelportal gehört für den Kunsthistoriker Georg Dehio „zu den Pretiosen gotischer Architektur in Deutschland". Und im Turm hängt die „Gloriosa", gut fünfhundert Jahre alt und wohl noch immer die größte frei schwebende Glocke der Welt. Sie wird nur an hohen Feiertagen geläutet.

Auch die benachbarte Stiftskirche St. Severi geht auf einen Vorgängerbau zurück. Die heutige Kirche wurde zwischen 1278 und 1340 als eine der ersten gotischen Hallenkirchen errichtet. Auch sie besitzt einen seltenen Reichtum an Kunstwerken. Der figurenbesetzte Hochaltar aus Tannenholz stammt von 1670. Der filigrane Taufstein mit seinem 15 m aufragenden Überbau entstand 1467. Noch älter ist der Severus-Sarkophag. Als Michail Gorbatschow im südlichen Seitenschiff vor dem Alabaster-Relief seines Namensvetters stand, soll er begeistert gewesen sein. Diese Arbeit stammt ebenfalls von 1467: Der Erzengel Michael durchbohrt den Gehörnten fast beiläufig mit seiner Lanze, das zu schützende Menschlein hält er dabei fest im Arm.

Von der „iga“ zum „egapark“

Gartenbauausstellungen haben in Erfurt eine lange Tradition! 1961 fand die „Internationale Gartenbauausstellung sozialistischer Länder“ statt. Der Zuspruch war gewaltig, die „iga“ geboren. Von da an präsentierten sich auf dem Gelände der Cyriaksburg im Wechsel internationaler und DDR-Gartenbau. Zur jährlichen Attraktion wurde das 6000 m^2 große ornamentale Blumenbeet.

Inzwischen ist aus der „iga“ die „ega“ geworden, und aus dieser der „egapark“. In Schauhäusern und Freianlagen sind die Besucher unentwegt den

Wundern der Natur auf der Spur. Das Riesenbeet gibt es noch immer. Und die Gerüchte, es handele sich hier um das größte ornamental gestaltete Blumenbeet der Welt, verstummen nicht.
Mit diesem Garten- und Freizeitpark besitzt Erfurt eine der schönsten und größten derartigen Anlagen in Deutschland. Der Spielplatz nimmt eine Fläche von 35000 m² ein und lässt Kinderherzen höher schlagen.
In unmittelbarer Nachbarschaft haben sich das Landesfunkhaus des Mitteldeutschen Rundfunks und die Messe Erfurt AG niedergelassen. Und, besonders erfreulich: ARD und ZDF betreiben von hier aus den werbungsfreien und beliebten Kinderkanal!

Sportliches Erfurt

Man muss sofort an Eis und schnelle Frauen denken, wenn die Stichworte Sport und Erfurt fallen. Was Wunder: Gunda Niemann-Stirnemann, Franziska Schenk, Sabine Völker und Daniela Anschütz-Thoms stammen schließlich von hier.

1957 war in Erfurt eine Kunsteislaufbahn eingeweiht worden. Seit 1982 gab es eine 333-m-Bahn. Nach den überragenden Siegen, vor allem der Frauen, musste eine Anlage her, die internationalen Standards genügte. 1997 waren die 400-m-Bahn, 2001 die Überdachung fertig gestellt. Die Halle wird zudem als Freizeitanlage genutzt und trägt den Namen der erfolgreichsten Eisschnellläuferin des 20. Jahrhunderts. Bis zu ihrem Ausscheiden 2005 brachte Gunda Niemann-Stirnemann allein acht Olympiamedaillen nach Erfurt mit, darunter fünfmal Silber und dreimal Gold. Aus Erfurt kommen auch die Eiskunstläufer Karin Wieczorek und Stephan Lindemann, Radrennfahrer wie Daniel Becke, Stephan Schreck oder der Bahnradsportler René Wolff... Die Thüringische Landeshauptstadt ist auch die Heimat vieler anderer erfolgreicher Sportler. Und natürlich des FC Rot-Weiß Erfurt! Der trägt seine Heimspiele im beliebten Steigerwald-Stadion aus, wo 1994 die Deutsche Leichtathletikmeisterschaft stattfand.

Maskottchen gesucht

Dass Erfurterinnen im gebärfähigen Alter beim Zeugungsakt an blaue und rosafarbene Bohnen denken, ist ein Gerücht. Zugegebenermaßen aber ein sehr schönes. Und Gründe für derartige Gedankenspiele gibt es ja allemal: Bohnen wurden in Erfurt schon während des Mittelalters angebaut.

Großer Beliebtheit erfreute sich die Puffbohne. Sie ist eine besonders große Vertreterin dieser Spezies und

Seite 90/91

Lustiges Bohnenquartett – das beliebte Maskottchen erfreut in immer neuen Editionen Einwohner und Touristen.

andernorts auch unter dem Namen Land- oder Saubohne bekannt. Unter den klimatischen Bedingungen des Erfurter Beckens gedieh die nahrhafte Bohne prächtig. Und vor einem Puffbohnenfeld, erzählt man sich, zogen die Erfurter früher im Vorbeigehen stets dankbar den Hut. „Nur in Erfurt ist gut wohnen;/ aber wisst Ihr auch – warum?/Rings um Erfurt blühn Puffbohnen;/ unser Stolz und Gaudium./ Fragt in Pommern, fragt in Schwaben,/ solche Bohnen sie nicht haben", heißt es in einem alten Gärtnerlied.

Die Begeisterung für die dicke Bohne steckt dem Erfurter im Blut. Wer hier das Licht der Welt erblickt hat, wird sich später voller Stolz als „echte Erfurter Puffbohne" zu erkennen geben und von anderen auch gern so nennen lassen.

Als man vor einigen Jahren nach einem Stadt-Maskottchen suchte, fiel die Entscheidung für Erfurts berühmteste Bohne. Seit 2000 gibt es die „Original Erfurter Puffbohne" nun auch aus edlem Plüsch: Lindgrün und mit pfiffigem Gesicht.

Von Erfurts Maskottchen existieren inzwischen viele Editionen, passend zur Jahreszeit oder mit einer anderen Aussage verknüpft. Die Auflagen sind limitiert. Nur eine kommt nicht in den Verkauf: Die Babyedition. Die wird ausschließlich verschenkt! Die Stadt Erfurt, das Klinikum und niedergelassene Hebammen heißen damit jeden Neubürger willkommen: Mädchen werden mit einer rosafarbenen Plüsch-Bohne begrüßt. Für Jungen gibt es die Bohne in „Knabenblau".

Scharf und würzig

Wie „Liebende im Löffelkasten" drängen sie sich auf den Rosten: Unter sich das gleichmäßige Glutbett, über sich das wachende Auge des Braters. Und ringsum dieser unvergleichliche Duft! Auch wenn man andernorts Gegenteiliges behauptet, für einen Erfurter steht zweifelsfrei fest: Die „Thüringer" kann nur in Erfurt erfunden worden sein! Das erklärt auch, weshalb man in der Stadt an der Gera besonders hellhörig ist, wenn es um die Rostbratwurst und ihre Zubereitung geht.

Als ein Schweizer Metzger in St. Gallen eine 1293 m lange Bratwurst gestopft hatte, ließ das den Erfurter Karl-Heinz

BORN
SEIT 1820 IN THÜRINGEN
SENF
MITTELSCHARF
DOSIERFLASCHE
BORN.
Thüringer Feinkost
aus dem Land des
guten Geschmacks.

Siebert nicht mehr ruhen. Zum Krämerbrückenfest 1991 rückte der Fleischermeister mit einer 1638 m langen „Thüringer" an. Zwei Monate später machte ihm ein anderer Schweizer den Titel streitig, dessen Gestopfte maß 77,17 m mehr. Das wurmte den Patrioten aus Erfurt abermals. Am 16. Mai 1993 präsentierte er eine neue „Thüringer" auf dem Domplatz: Diesmal 2270 m lang! Allein der Transport war eine logistische Meisterleistung. Die Zubereitung erfolgte auf einem Spezialgrill.

Inzwischen gibt es in dem Dörfchen Holzhausen ein Bratwurstmuseum und einen Verein „Freunde der Thüringer Bratwurst e.V.". Alljährlich im März wird auf dem Domplatz angegrillt. Und dazu finden sich Tausende Rostbratwurst-Freunde ein.

Für seine „Thüringer“ hat jeder Fleischermeister ein Geheimrezept. Doch egal welcher Gewürzmischung er sich auch bedient: Ohne Born-Senf aus Erfurt läuft am Ende nichts! 1820 hatten die Gebrüder Louis und Wilhelm Born einen Senf kreiert, der großen Zuspruch fand. Schon bald konnten Niederlassungen in London und Riga gegründet werden. Born-Senf ist auch heute in vieler Munde. Und wenn irgendwo in Thüringen ein Holzkohlegrill entfacht wird, steht die Erfurter Köstlichkeit stets griffbereit dabei.

Erfurt von A bis Z

Anger

Nirgendwo sonst kann man der Stadt so gut den Puls fühlen wie auf dieser uralten Marktstraße. Auch heute wird hier rege gehandelt, umgestiegen und flaniert. Geschäft reiht sich an Geschäft. Prächtige Gründerzeitbauten, Gotik, Renaissance und Jugendstil buhlen um Aufmerksamkeit. Doch plötzlich steht man in einem kleinen

Der Angerbrunnen am heutigen Einkaufsboulevard – Symbol für Erfurt als Stadt des Handwerks und Gartenbaus

Kloster-Innenhof, und auf einmal ist alles sehr still...

Der Anger ist etwa sechshundert Meter lang. Im Mittelalter standen hier die Waidwagen. Zar Alexander I. nächtigte am Anger und der Diplomat Otto von Bismarck auch.

Es gibt viel zu entdecken zwischen Kaufmannskirche und altem Brunnen. Das Angermuseum im kurmainzischen Packhof von 1711 ist schon von außen eine Augenweide. Und vom Turm der Bartholomäuskirche ertönt fünfoktavig das Glockenspiel.

Augustinerkloster

Mit dem Klosterbau war nach 1276 begonnen worden. Luther trat am

17. Juli 1505 durch das Tor. 1525 wurde die Kirche evangelisch. Die ehemaligen Klostergebäude nahmen Schule und Waisenhaus auf. 1850 tagte das Unionsparlament in der Klosterkirche, was größere Umbauten erforderlich machte. Im Zweiten Weltkrieg fielen Luftminen auf das Areal. 267 Menschen starben im Keller der Bibliothek, die nun wieder aufgebaut wird. Heute ist das Evangelische Augustinerkloster eine wichtige Lutherstätte und ein Ort ökumenischer Begegnung. Während der Wendezeit tagte im Kloster unter wechselndem Vorsitz von evangelischer und katholischer Kirche der „Runde Tisch des Bezirkes Erfurt".

Barfüßerkirche

Die Kirche, nach 1291 errichtet, war eine der größten und reichsten des Ordens. 1525 wurde sie evangelisch. 1944 zerstörte eine Luftmine ihr Schiff. In der imposanten Ruine finden Theateraufführungen statt. Im Chor stellt das Angermuseum sakrale Kunstwerke aus, darunter den großartigen Färberaltar (Tempera auf Nadelholz) von 1420 und die Grabplatte einer strahlenden Cinna von Vargula. (Foto)

Collegium maius

Das „Große Kolleg" in der Michaelisstraße war das Hauptgebäude der Universität. Bei einem Bombenangriff

wurde es größtenteils zerstört. Das prachtvolle Kielbogenportal stammt von 1513. Der Teil darüber entstand bereits im Stile der Renaissance. Am äußerlichen Wiederaufbau wird derzeit gearbeitet.

Cyriaksburg

1480 begann Adalbert I. die städtischen Befestigungsanlagen zu komplettieren. Im 19. Jahrhundert wurde die Cyriaksburg auch für die Preußen interessant. Die Defensionskaserne von 1825 wird heute als Museum genutzt. Von der Aussichtsplattform auf einem der Geschütztürme (272 m üNN) hat man einen großartigen Ausblick ins Land.

„Erfurter Hof"

1904/05 nach Plänen des Architekten Otto Mosch errichtet. Mit dem benachbarten „Haus Koschenhaschen", 1916, Architekt Arthur Hügel, bildete der „Erfurter Hof" einen Hotelkomplex. Internationale Bekanntheit erlangte der Prachtbau am 19.3.1970 durch das erste deutsch-deutsche Gipfeltreffen zwischen Willy Brandt und Willi Stoph. Der Hotelbetrieb wurde 1995 eingestellt. Heute haben im entkernten ehemaligen „Erfurter Hof" verschiedene Büros, Dienstleister und gastronomische Einrichtungen ihr Domizil, darunter die Thüringer Tourismusgesellschaft.

Am Fischmarkt

Die Häuser „Zum Roten Ochsen“ (1562), „Zur güldenen Krone“ (1488) oder das Haus „Zum Breiten Herd“ sind richtige Hingucker. Letzteres wurde 1584 mit üppigem Fassadenschmuck für einen Ratsmeister und Stadtvogt erbaut. Der gelungene Anbau zur Rechten stammt von Carl Frühling und ist 300 Jahre jünger.

Vor dem Haus „Zum Roten Ochsen“ zieht ein Standbild die Blicke der Passanten auf sich. Hier sollte eigentlich ein Roland stehen. Doch der römische Krieger mit Wappen und Fahne scheint auf die Diskrepanzen zwischen Stadt und Erzbistum hinweisen zu wollen. Die Sandsteinfigur schuf der Niederländer Israel von der Milla 1591.

Gartenbaumuseum

1961 zog das Gartenbaumuseum in die Defensionskaserne der Cyriaksburgs ein. Als „Deutsches Gartenbaumuseum Erfurt" öffnete es 2000 von neuem seine Pforten. Laien wie Fachleute können sich hier mit den vielfältigen Aspekten des Gartenbaus und der Gartenkunst auseinandersetzen. Und wieviel das größte Samenkorn der Welt wiegt, erfährt man hier auch.

Gasthaus „Zur Hohen Lilie"

1341 saßen hier der Herzog von Braunschweig und der Erzbischof von Bremen zusammen. Das macht die „Hohe Lilie" zu einem der ältesten Gasthäuser des

Gasthaus
Zur Hohen Lilie

Kontinents. Von 1631-1632 hatte hier der Schwedenkönig Gustav II. Adolf sein Hauptquartier. Luther kam 1522 inkognito als Junker Jörg, Helmut Kohl 1990 als Bundeskanzler der BRD nach einer Rede auf dem Domplatz in der Noch-DDR.

„Haus zum Stockfisch"

Der Waidhändler Otto Ziegler wohnte in dem Haus in der Johannesgasse. 1607 wurde es im Stil der niederländischen Renaissance errichtet, steht aber auf älteren Grundmauern. An seiner Prachtfassade kommt keiner schnellen Schrittes vorbei. Seit 1969 hat hier das Städtische Museum sein Domizil.

DAS HAVS STEHET
IN GOTTES HAND ZVM
STOCKFISCH IST GENAND

Kleine Synagoge

Eine Synagoge in der Waagegasse gab es bereits 1270. Diese hier wurde 1840 geweiht. Da waren die Beschränkungen für Juden gerade aufgehoben worden und man suchte ein Gotteshaus. Später als Wohnung genutzt, überstand es die Pogromnacht von 1938. Am 8. November 1998 Eröffnung als Begegnungsstätte.

Krämerbrücke

Man glaubt, man stunde in einer engen Gasse, und befindet sich doch auf einer Brücke. Die ist 120 m lang, dicht bebaut und wurde bereits 1156 erwähnt. Damals bestand sie noch aus

Holz und ergänzte die Furt. Das heutige Bauwerk stammt von 1325. Nach dem Stadtbrand von 1472 wurde es erweitert. Aus ursprünglich 62 Brückenhäusern entstanden durch Umbauten 32. So verschaffte man sich im Inneren mehr Platz. Galerien und reizvolle kleine Läden bestimmen heute vor allem das Bild. Im „Haus der Stiftungen" (Nr. 31) erhält man wichtige Einblicke und Informationen zur Brücke. Die gilt als einzigartig nördlich der Alpen. Und wer beim Rundgang durch die Stadt verloren geht, den fängt man mit Sicherheit auf der Krämerbrücke wieder ein.

Kurmainzische Statthalterei

1694 wurden drei benachbarte Patrizierhäuser erworben. Maximilian von Welsch baute von 1711-1720 einen barocken Westflügel als Lückenschließer. Das gelungene Ensemble gefiel allen später Regierenden. Seit 1995 hat der Thüringer Ministerpräsident seinen Amtssitz in der ehemaligen Statthalterei.

Michaeliskirche

Im Lateinischen Viertel gelegen und Ende des 13. Jahrhunderts gotisch umgebaut, wurde Sankt Michael die Kirche der Universität. In ihr wurde erstmals in Erfurt evangelisch gepredigt. Die angebaute Dreifaltigkeitskapelle mit bildgeschmücktem Chorerker stammt aus der Zeit um 1500.

Rathaus

Ein Vorgänger stand schon 1275 am gleichen Ort. Das heutige Bauwerk entstand zwischen 1869 und 1882 in neogotischem Stil. Es wurde später erweitert. Großes Augenmerk legten die Ratsherren auf die Ausgestaltung im Inneren. Die Gemälde in den Korridoren, den Aufgängen und Sälen stammen von den Historienmalern Peter Janssen und Eduard Kämpffer.

Petersberg

Mit der Zitadelle Petersberg besitzt Erfurt eine der größten und besterhaltenen Barockfestungen Europas, mit der sowohl deutsche als auch europäische Geschichte verbunden sind. Schon lange vor der Festungszeit befand sich ein Kanonikerstift auf dem Berg. Es wurde 1060 in ein Benediktinerkloster umgewandelt, das nach der Reformation allmählich verwaiste. Dem Ausbau der „Festung Petersberg" fielen in preußischer Zeit auch die letzten Gebäude und Ruinen zum Opfer.

1828-31 wurde eine 166 m lange Defensionskaserne gebaut. Einzig die ehemalige Klosterkirche blieb noch erhalten. Beim preußischen Beschuss im Oktober 1813 war sie allerdings stark beschädigt worden. Nun erfolgte ein Rückbau bis auf die Höhe der Seitenschiffe. Die Kirche wurde Getreidedepot. Mit den eingelagerten Vorräten bekam man zweitausend Soldaten ein halbes Jahr lang satt. Am Baukörper ist die Ähnlichkeit mit der Kirche St. Peter und Paul im schwäbischen Hirsau nicht zu übersehen. Hier wie da wurde mit derselben Maßeinheit gebaut. Zuweilen sogar millimetergenau.

Die 1147 geweihte Basilika war 75 m lang und lange Zeit die größte Kirche in Thüringen. Über zwanzig Reichstage wurden in ihr abgehalten. Kaiser und Könige waren im Kloster zu Gast. Das stärkte das Selbstbewusstsein der Äbte und die Kassen füllte es auch. Es schicke sich nicht, hatte der Erzbischof in Mainz gedroht, „dass ein Klosterprälat reicher als ein Bischof sei"! Und hatte dem Kloster einige Güter entzogen. Genutzt hatte das freilich wenig. Päpste und Könige verliehen dem Kloster immer neue Privilegien. Das Kloster erwirkte freie Abtwahl, und ihre Vorsteher trugen Bischofsring und -stab.

Heute dient das Untergeschoss der einstigen Kirche dem Erfurter „Forum Konkrete Kunst" als Ausstellungsort. Ein Modell des Petersklosters im Vorraum vermittelt sehr anschaulich, wie das Gotteshaus einst aussah und wie groß das klösterliche Areal einmal war.

Ursulinenkloster

Seit 1667 leben Ursulinen im Kloster am Anger. Das ist freilich viel älter, Altar und Kruzifix der Kirche stammen aus gotischer Zeit. Das Vesperbild entstand etwa um 1340. Die Plastik „Franz predigt den Vögeln" vorm Kloster wurde 1994 aufgestellt.

Wenigemarkt

Der Wenigemarkt gehört zu den stimmungsvollen, kleinen Plätzen. Die benachbarten Häuser haben wundersame Namen und Geschichten. Bis zum „Kaisersaal" in der Futterstraße ist es nicht weit. Im Eckgeschäft vis-à-vis wird Born-Senf in vielen Varianten

angeboten. Ein kleines Senfmuseum informiert über diese Erfurter Köstlichkeit und ihre Erfinder Born.
Vom Wenigemarkt hat man einen guten Blick auf die schon 1110 erwähnte Ägidienkirche. Es ist die letzte noch existierende Brückenkirche. Man betritt sie von der Krämerbrücke her durch ein Tor. Der Kirchenraum selbst befindet sich im ersten Stock. Von dort führen 128 Stufen auf den Turm. Der großartige Ausblick auf die Altstadt lässt einen die Mühsal des Aufstiegs vergessen und den Abstieg hinauszögern. Die Kirche, jahrhundertelang Lager- und Wohnhaus, wurde erst 1960 wieder geweiht.

„Raufende Knaben" – Brunnen am Wenigemarkt, gestaltet von Heinrich Apel

Zoopark

Breitmaulnashörner, Elefanten, Löwen und Schlankaffen sind hier zu Hause. 180 Wildtierarten etwa, dazu Haustierrassen aus aller Welt. Der Thüringer Zoopark Erfurt (62 ha) liegt auf dem Roten Berg im Norden der Stadt. 2005 wurde die „afrikanische Savanne" eingeweiht. Auch das Aquarium am Nettelbeckufer, erster Kulturbau nach dem Krieg, gehört dazu.

„Zum Güldenen Krönbacken"

Früher rollten die Wagen der Waidjunker durch die hohe Einfahrt. Heute befindet sich hier ein „Kulturhof" mit Waidscheune. Das Torhaus stammt von 1534. Das wappenverzierte Portal krönt die Renaissancefassade zur Rechten.

Aus dem lieferbaren Mini-Angebot

Kinder sind die besten Philosophen
Leipzig für die Westentasche
Leipzig in Pocket Size
Magdeburg für die Westentasche
Märchenkönig Ludwig II.
Wolfgang Mattheuer • Karl May
Meerschweinchen-Büchlein • Claude Monet
Wolfgang Amadeus Mozart
(auch als engl. Ausgabe)
München für die Westentasche
Nietzsche-Zitate
Parks & Gärten in Sachsen-Anhalt
Pferdebüchlein • Philosophinnen-Sprüche
Rainer Maria Rilke • Joachim Ringelnatz
Das kleine Sachsenbuch
Sandmännchen-Büchlein
Schiller-Zitate • Shakespeare-Zitate
August Strindberg
Lene Voigt. Weibergespräche
Von Jahr zu Jahr
Weimar für die Westentasche
Weisheiten der Welt
Wetter- & Bauernregelbüchlein
Witz und Weisheit der Tataren • Heinrich Zille